المدرسة - Szkoła   2
سفر - Podróż   5
نقل - Transport   8
مدينة - Miasto   10
طبيعة ريفية - Krajobraz   14
مطعم - Restauracja   17
سوبرماركت - Supermarket   20
مشروبات - Napoje   22
طعام - Jedzenie   23
مزرعة - Gospodarstwo chłopskie   27
بيت - Dom   31
غرفة جلوس - Pokój dzienny   33
مطبخ - Kuchnia   35
الحمّام - Łazienka   38
غرفة الأطفال - Pokój dziecięcy   42
ثياب - Ubiór   44
مكتب - Biuro   49
اقتصاد - Gospodarka   51
المِهَن - Zawody   53
عدة عمل - Narzędzia   56
آلات موسيقية - Instrumenty muzyczne   57
حديقة حيوانات - Zoo   59
رياضة - Sport   62
نشاطات - Działania   63
عائلة - Rodzina   67
الجسم - Ciało   68
المستشفى - Szpital   72
حالة - Nagły przypadek   76
أرض - Ziemia   77
ساعة - Zegar   79
أسبوع - Tydzień   80
سنة - Rok   81
أشكال - Kształty   83
ألوان - Kolory   84
الأضداد - Przeciwieństwa   85
أرقام - Liczby   88
اللغات - Języki   90
من / ماذا / كيف - kto / co / jak   91
أين - gdzie   92

Impressum
Verlag: BABADADA GmbH, Nedderfeld 112 , 22529 Hamburg
Geschäftsführer / Verlagsleitung: Harald Hof
Druck: Books on Demand GmbH, In de Tarpen 42, 22848 Norderstedt

Imprint
Publisher: BABADADA GmbH, Nedderfeld 112 , 22529 Hamburg, Germany
Managing Director / Publishing direction: Harald Hof
Print: Books on Demand GmbH, In de Tarpen 42, 22848 Norderstedt, Germany

المدرسة

Szkoła

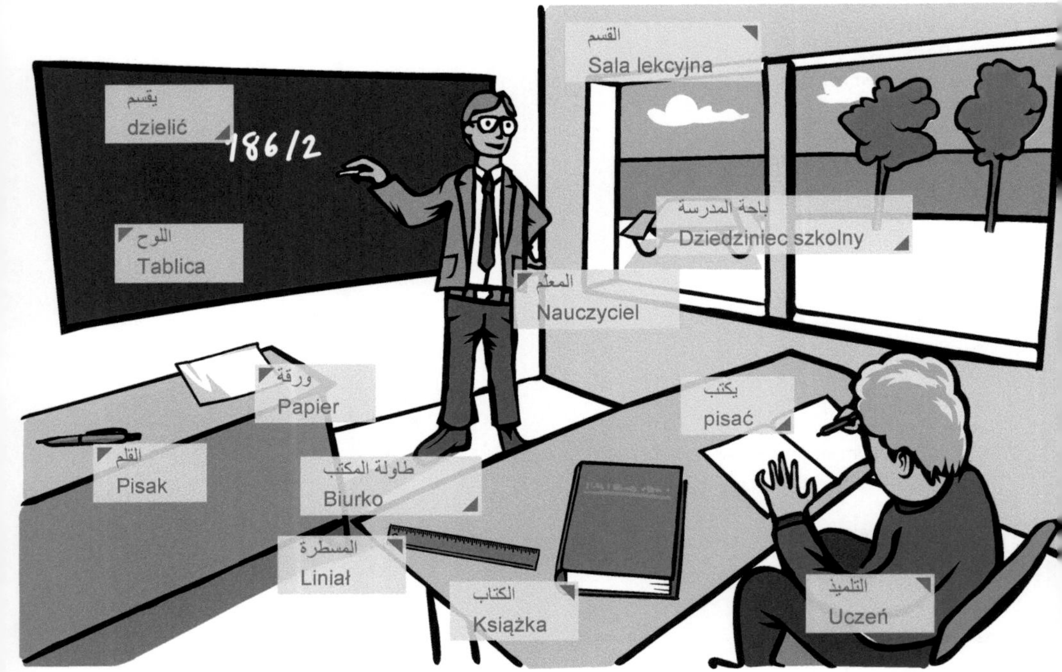
القسم
Sala lekcyjna
يقسم
dzielić
186/2
اللوح
Tablica
باحة المدرسة
Dziedziniec szkolny
المعلم
Nauczyciel
ورقة
Papier
يكتب
pisać
القلم
Pisak
طاولة المكتب
Biurko
المسطرة
Liniał
الكتاب
Książka
التلميذ
Uczeń

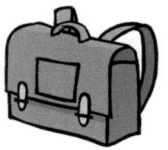

الحقيبة المدرسية
....
Plecak szkolny

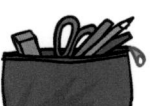

المقلمة
....
Piórnik

قلم الرصاص
....
Ołówek

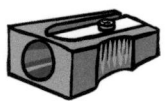

البرّاية
....
Temperówka

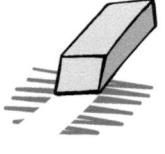

المِمحاة
....
Gumka do mazania

دفتر الرسم
....
Blok rysunkowy

الرسمة
Rysunek

الفرشاة
Pędzel

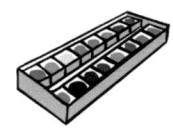

علبة التلوين
Pudełko z akwarelami

المقص
Nożyce

المادة اللاصقة
Klej

دفتر التمارين
Książka do ćwiczenia

الواجب المدرسي
Zadanie domowe

الرقم
Liczba

يجمع
dodawać

يطرح
odejmować

يضرب
mnożyć

يحسب
liczyć

الحرف
Litera

الأبجدية
Alfabet

كلمة
Słowo

النص

Tekst

يقرأ

czytać

الطبشور

Kreda

الحصة

Godzina

دفتر الدوام المدرسي

Dziennik lekcyjny

الامتحان

Egzamin

شهادة

Świadectwo

اللباس المدرسي

Mundurek szkolny

التعليم

Wykształcenie

الموسوعة

Leksykon

الجامعة

Uniwersytet

المجهر

Mikroskop

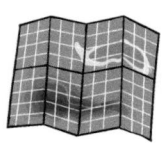

الخريطة

Mapa

قماما

Kosz na odpadki

سفر

Podróż

فندق
Hotel
Grand
بيت الشباب
Schronisko
ROOMS
مكتب صرافة
Kantor wymiany walut
حقيبة
Walizka
سيارة
Auto

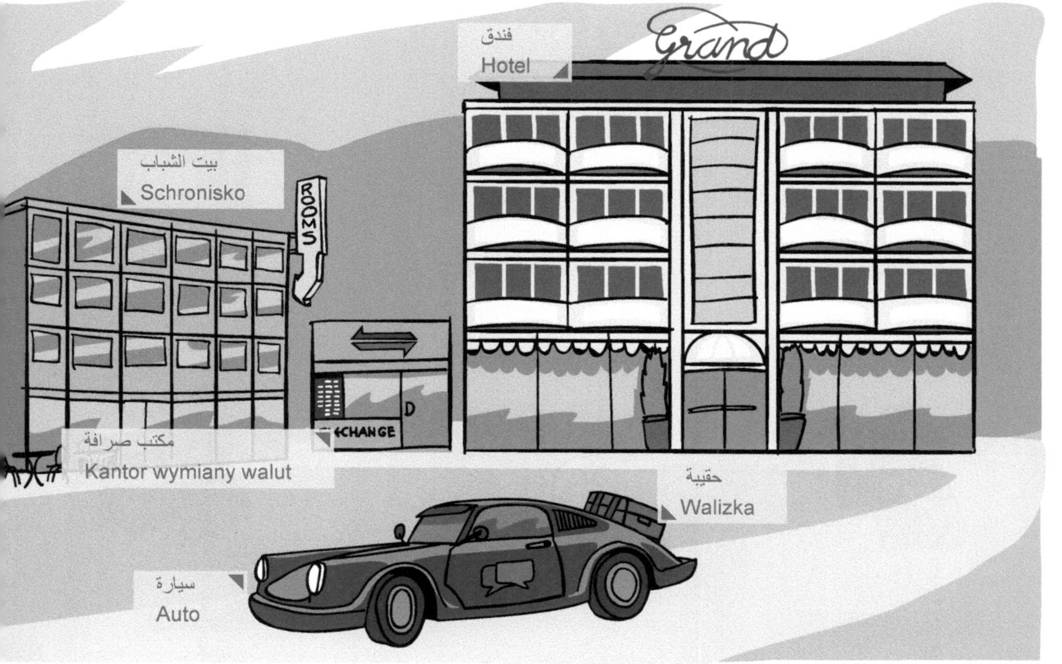

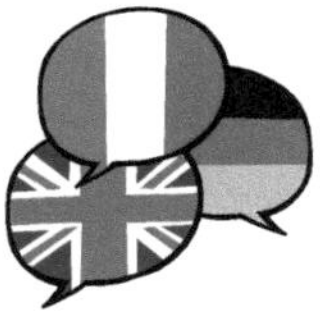

اللغة

Język

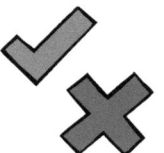

نعم / لا

tak / nie

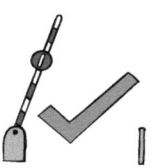

حسناً

OK

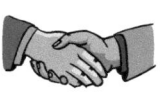

مرحباً

Halo

مترجم

Tłumacz

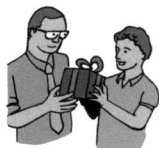

شكراً

Dziękuję

كم ثمن ... ؟

Ile kosztuje ...?

لا أفهم

Nie rozumiem

مشكلة

Problem

مساء الخير

Dobry wieczór!

صباح الخير!

Dzień dobry!

ليلة سعيدة

Dobranoc!

إلى اللقاء

Do widzenia

اتجاه

Kierunek

أمتعة السفر

Bagaż

حقيبة

Torba

حقيبة ظهر

Plecak

ضيف

Gość

غرفة

Pokój

كيس للنوم

Śpiwór

خيمة

Namiot

استعلامات سياحية

Informacja turystyczna

شاطئ

Plaża

بطاقة انتمان

Karta kredytowa

إفطار

Śniadanie

طعام الغداء

Obiad

العشاء

Kolacja

بطاقة سفر

Bilet

مصعد

Winda

طابع بريدي

Znaczek na list

حدود

Granica

الجمارك

Cło

سفارة

Ambasada

تأشيرة

Wiza

جواز سفر

Paszport

Transport

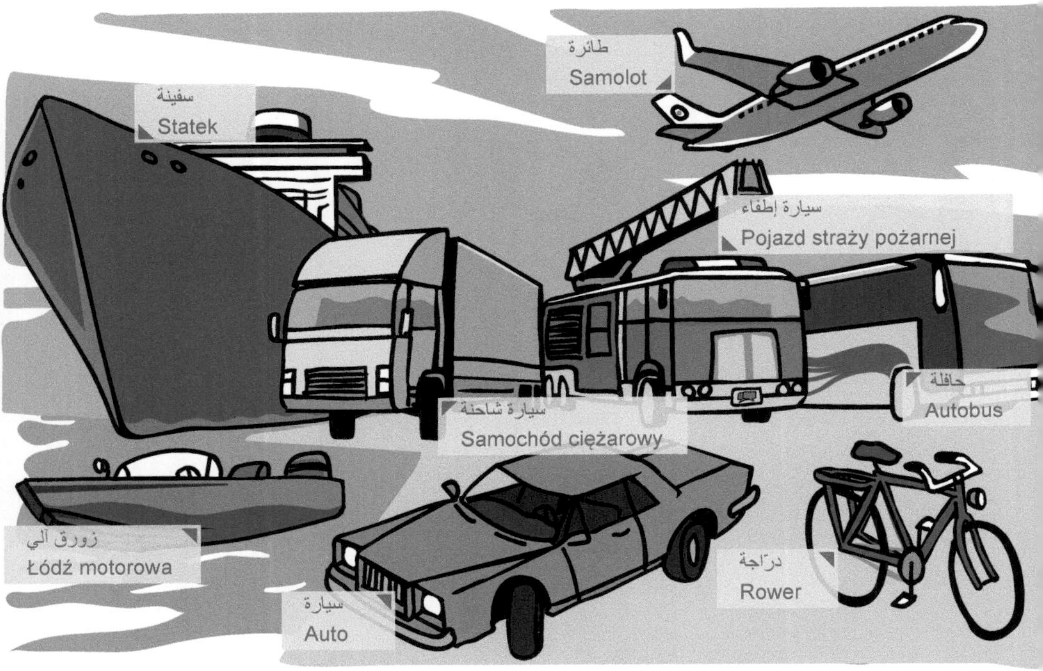
سفينة
Statek
طائرة
Samolot
سيارة إطفاء
Pojazd straży pożarnej
سيارة شاحنة
Samochód ciężarowy
حافلة
Autobus
زورق آلي
Łódź motorowa
سيارة
Auto
درّاجة
Rower

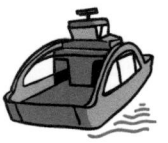

عبارة

Prom

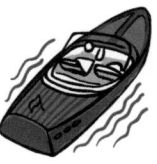

قارب

Łódź

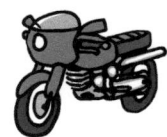

دراجة نارية

Motocykl

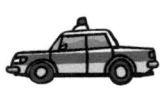

سيارة شرطة

Radiowóz policyjny

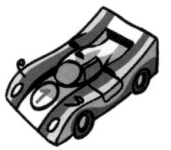

سيارة سباق

Samochód wyścigowy

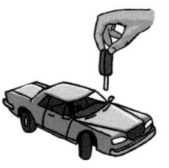

سيارة مستأجرة

Samochód wypożyczony

أسلوب تشاركي في استئجار السيارات

Wspólne przejazdy
samochodem

سيارة للجر

Samochód pomocy
drogowej

سيارة نقل القمامة

Śmieciarka

محرك

Silnik

وقود

Benzyna

محطة وقود

Stacja benzynowa

إشارة مرور

Znak drogowy

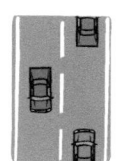

حركة السير

Ruch

ازدحام سير

Korek

موقف سيارات

Parking

محطة قطار

Dworzec

سكك حديدية

Szyny

قطار

Pociąg

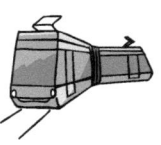

ترام

Tramwaj

عربة قطار

Wagon

طائرة مروحية

Helikopter

مطار

Lotnisko

برج

Wieża

مسافر

Pasażer

حاوية

Kontener

علبة كرتون

Karton

عربة يد

Taczka

سلة

Kosz

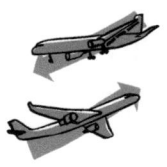

يقلع / يهبط

startować / lądować

مدينة

Miasto

قرية

Wieś

مركز المدينة

Centrum miasta

بيت

Dom

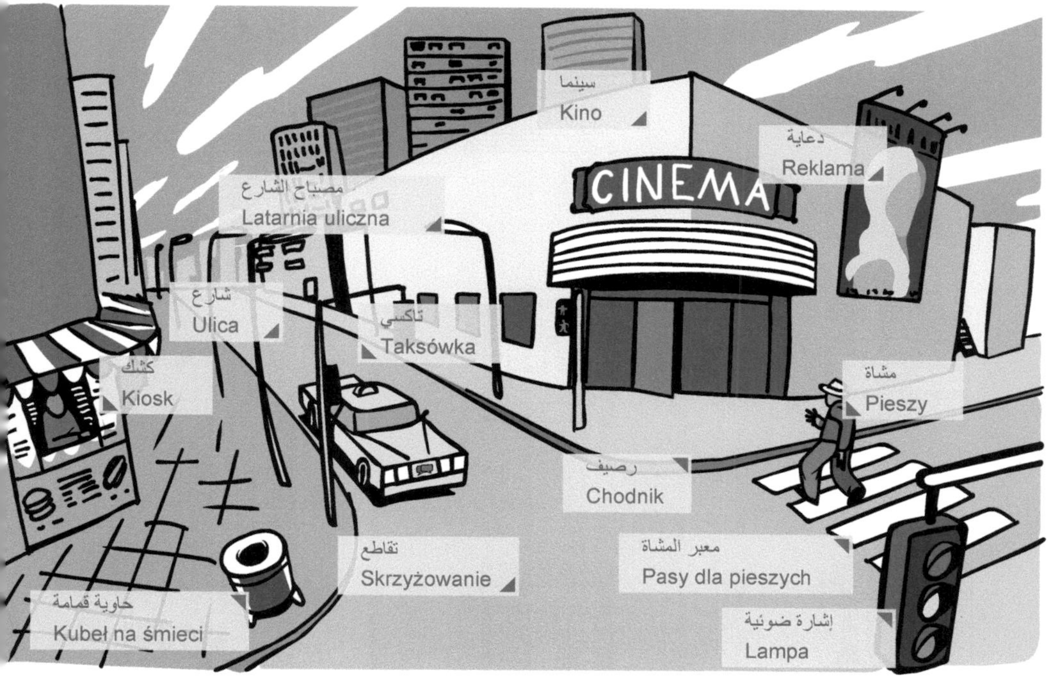

سينما
Kino

دعاية
Reklama

مصباح الشارع
Latarnia uliczna

CINEMA

شارع
Ulica

تاكسي
Taksówka

كشك
Kiosk

مشاة
Pieszy

رصيف
Chodnik

تقاطع
Skrzyżowanie

معبر المشاة
Pasy dla pieszych

حاوية قمامة
Kubeł na śmieci

إشارة ضوئية
Lampa

كوخ
....
Chata

شقة
....
Mieszkanie

محطة قطار
....
Dworzec

دار البلدية
....
Ratusz

متحف
....
Muzeum

المدرسة
....
Szkoła

الجامعة

Uniwersytet

مصرف

Bank

المستشفى

Szpital

فندق

Hotel

صيدلية

Apteka

مكتب

Biuro

مكتبة

Księgarnia

متجر

Sklep

محل لبيع الزهور

Kwiaciarnia

سوبرماركت

Supermarket

سوق

Rynek

متجر كبير

Dom towarowy

تاجر السمك

Sklep z rybami

مركز تسوّق

Centrum handlowe

ميناء

Port

حديقة عامة

Park

مقعد

Ławka

جسر

Most

درج، سلم

Schody

مترو

Metro

نفق

Tunel

موقف حافلات

Przystanek autobusowy

بار

Bar

مطعم

Restauracja

صندوق البريد

Skrzynka na listy

لافتة باسم الشارع

Tabliczka z nazwą ulicy

مقياس زمن الوقوف

Parkometr

حديقة حيوانات

Zoo

مسبح

Łaźnia

مسجد

Meczet

مزرعة

Gospodarstwo chłopskie

تلوث البيئة

Zanieczyszczenie środowiska

مقبرة

Cmentarz

كنيسة

Kościół

ملعب الأطفال

Plac zabaw

معبد

Świątynia

Liść — ورقة

Drogowskaz — علامة إرشاد

Droga — طريق

Łąka — مرج

Kamień — حجر

Drzewo — شجرة

Wędrowiec — رحّالة

Rzeka — نهر

Trawa — عشب

Kwiat — زهرة

وادٍ

Dolina

جبل

Góra

بحيرة

Jezioro

غابة

Las

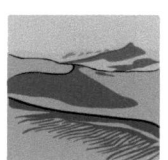

صحراء

Pustynia

بركان

Wulkan

قلعة

Zamek

قوس قزح

Tęcza

فطر

Grzyb

نخلة

Palma

بعوض

Komar

ذبابة

Mucha

نملة

Mrówka

نحلة

Pszczoła

عنكبوت

Pająk

خنفساء

Chrząszcz

ضفدعة

Żaba

سنجاب

Wiewiórka

قنفذ

Jeż

أرنب

Zając

بومة

Sowa

عصفور

Ptak

بجعة

Łabędź

خنزير برّي

Dzik

غزال

Jeleń

إلكة

Łoś

سد

Tama

دولاب الطاحونة الهوائية

Wiatrak

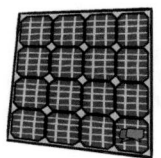

خلية شمسية

Moduł solarny

مناخ

Klimat

مطعم
Restauracja

نادل
Kelner
لائحة الطعام
Menu
كرسي
Krzesło
حساء
Zupa
بيتزا
Pizza
غطاء المائدة
Obrus
أدوات المائدة
Sztućce

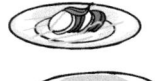

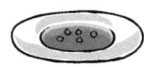

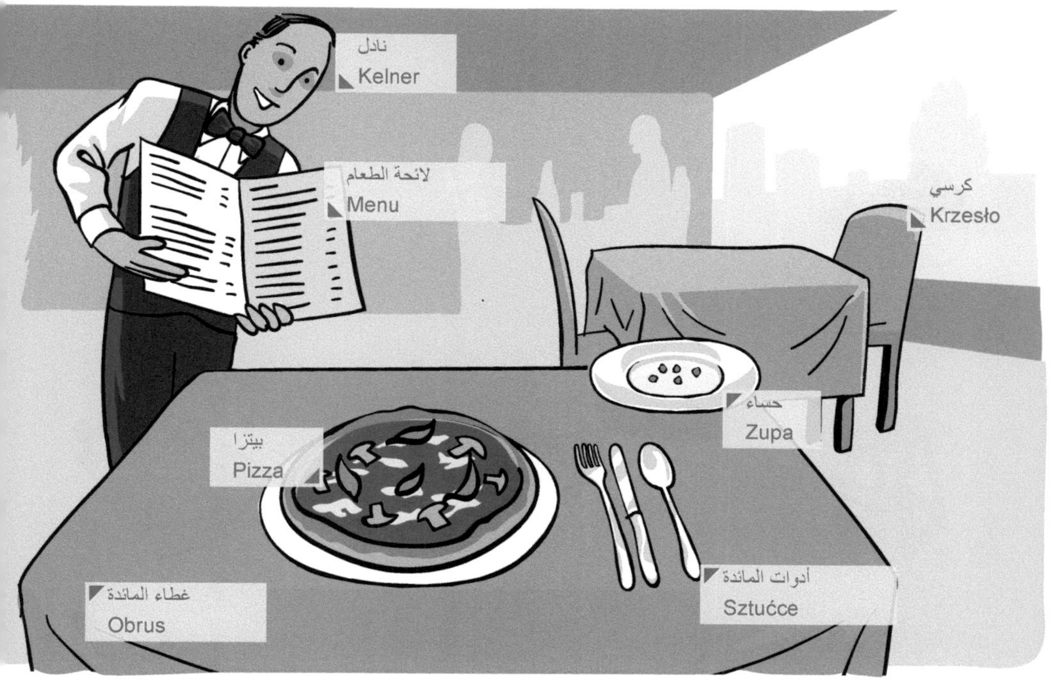

مقبلات
....
Przystawka

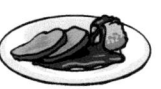

الصحن الرئيسي
....
Danie główne

حلوى أو فاكهة بعد الطعام
....
Deser

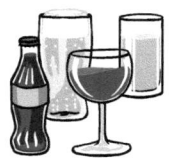

مشروبات
....
Napoje

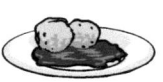

طعام
....
Jedzenie

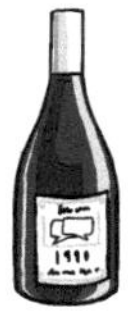

زجاجة
....
Butelka

وجبات سريعة

Fastfood

طعام الشارع

Streetfood

إبريق الشاي

Dzbanek na herbatę

علبة السكر

Cukierniczka

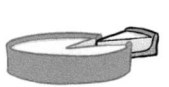

حصّة

Porcja

آلة الإسبريسو

Zaparzarka do espresso

كرسي عالٍ

Krzesło dla dziecka

فاتورة

Rachunek

صينية

Taca

سكين

Nóż

شوكة

Widelec

ملعقة

Łyżka

ملعقة الشاي

Łyżeczka

منديل المائدة

Serwetka

كأس

Szklanka

صحن

Talerz

صحن الحساء

Talerz do zupy

صحن الفنجان

Podstawek pod filiżankę

صلصة

Sos

مملحة

Solniczka

مطحنة الفلفل

Młynek do pieprzu

خلّ

Ocet

زيت الطعام

Olej

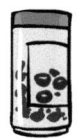

توابل

Przyprawy

كتشاب

Keczup

خردل

Musztarda

مايونيز

Majonez

سوبرماركت
Supermarket

عرض خاص
Oferta
FOR
زبون
Klient
مشتقات الحليب
Produkty mleczne
فواكه
Owoce
عربة تسوّق
Wózek sklepowy

BUTCHERS

جزّار
....
Rzeźnia

BAKERY

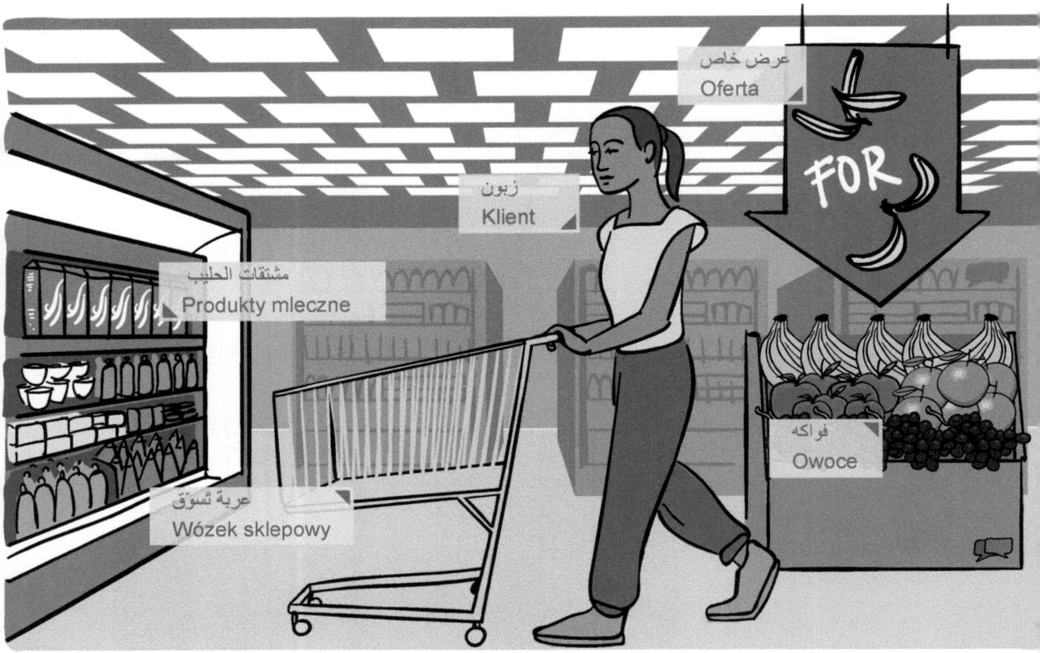

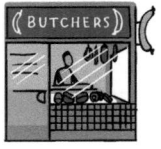

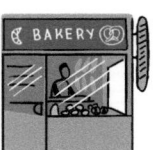

مخبز
....
Piekarnia

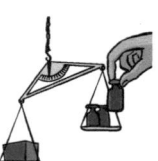

يزن
....
ważyć

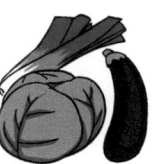

خضار
....
Warzywa

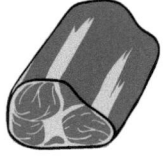

لحم
....
Mięso

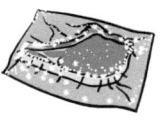

المأكولات المجمّدة
....
Mrożonki

مرتدلا أو جبن

Wędliny

معلبات

Konserwy

مسحوق الغسيل

Proszek m do prania

حلويات

Słodycze

المواد المنزلية

Artykuły użytku domowego

منظفات

Środek czyszczący

بائعة

Sprzedawczyni

صندوق الحساب

Kasa

أمين صندوق

Kasjer

قائمة المشتريات

Lista zakupów

أوقات العمل

Godziny otwarcia

محفظة النقود

Portfel

بطاقة ائتمان

Karta kredytowa

حقيبة

Torba

كيس بلاستيكي

Torebka plastikowa

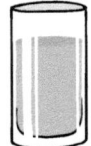

ماء
Woda

عصير
Sok

حليب
Mleko

كولا
Cola

نبيذ
Wino

بيرة
Piwo

كحول
Alkohol

كاكاو
Kakao

شاي
Herbata

قهوة
Kawa

قهوة إسبريسو
Espresso

كابوتشينو
Cappuccino

موزة

Banan

تفاح

Jabłko

برتقال

Pomarańcza

بطيخ

Arbuz

ليمون

Cytryna

جزرة

Marchew

ثوم

Czosnek

خيزران

Bambus

بصل

Cebula

فطر

Grzyb

لوزيات

Orzechy

شعيرية

Makaron

سباغيتي

Spaghetti

أرزّ

Ryż

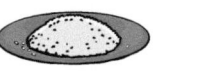

سلطة

Sałatka

بطاطا مقلية

Frytki

بطاطا مقلية

Ziemniaki pieczone

بيتزا

Pizza

هامبورغر

Hamburger

ساندويش

Kanapka

شريحة لحم مقلية

Sznycel

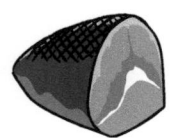

لحم خنزير

Szynka

سلامي

Salami

سجق

Kiełbasa

دجاج

Kura

لحم محمر

Pieczeń

سمك

Ryba

دقيق الشوفان

Płatki owsiane

موسلي

Musli

كورن فلكس

Płatki kukurydziane

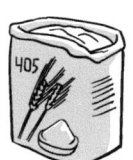

طحين

Mąka

كرواسان

Croissant

خبز صغير

Bułka

خبز

Chleb

خبز محمص

Toast

بسكويت

Ciastka

زبدة

Masło

لبن زبادي

Twarożek

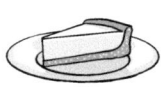

كعكة

Ciasto

بيضة

Jajko

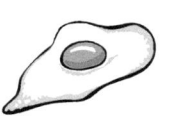

بيض مقلي

Jajko sadzone

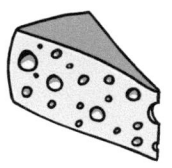

جبنة

Ser

مثلجات

Lody

سكر

Cukier

عسل

Miód

مربّى الفاكهة

Marmolada

كريم النوغا

Krem nugatowy

الكاري

Curry

مزرعة
Gospodarstwo chłopskie

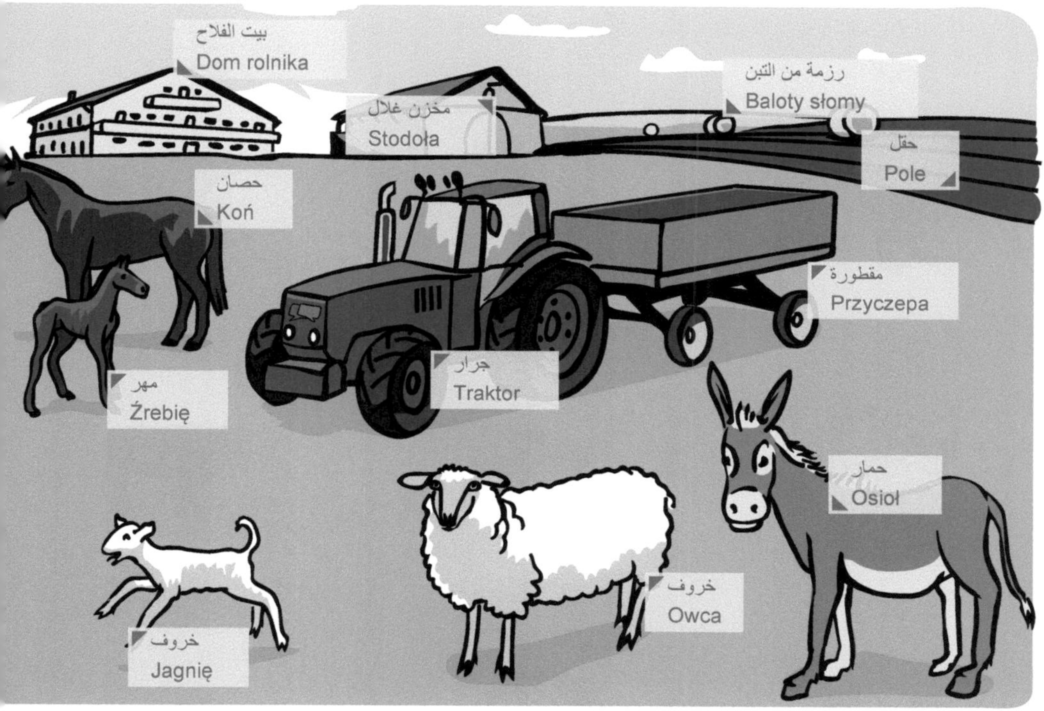

بيت الفلاح
Dom rolnika
مخزن غلال
Stodoła
رزمة من التبن
Baloty słomy
حقل
Pole
حصان
Koń
مقطورة
Przyczepa
مهر
Źrebię
جرار
Traktor
حمار
Osioł
خروف
Owca
خروف
Jagnię

ماعز
....
Koza

بقرة
....
Krowa

عجل
....
Cielę

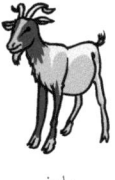

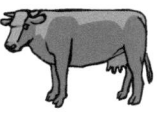

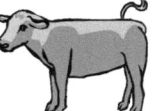

خنزير
....
Świnia

خنزير صغير
....
Prosię

ثور
....
Byk

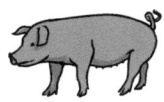

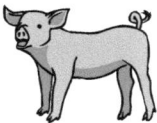

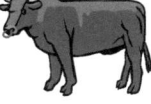

إوزة

Gęś

بطة

Kaczka

صوص

Kurczątko

دجاجة

Kura

ديك

Kogut

جرذ

Szczur

قطة

Kot

فأر

Mysz

ثور

Osioł

كلب

Pies

كوخ الكلب

Buda dla psa

خرطوم الحديقة

Wąż ogrodowy

إبريق

Konewka

منجل

Kosa

المحراث

Pług

منجل

Sierp

معزقة

Graca

مذراة الزبل

Widły

بلطة

Siekiera

عربة يد

Taczka

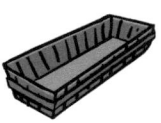

معلف

Koryto

صفيحة الحليب

Kanka na mleko

كيس

Worek

سياج

Płot

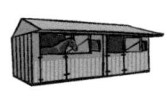

اصطبل

Stajnia

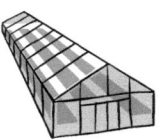

دفيئة

Szklarnia

تربة

Ziemia

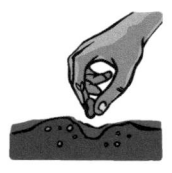

بذور

Nasiona

سماد

Nawóz

حصّادة درّاسة

Kombajn zbożowy

يحصد

zbierać

محصول

Żniwa

بطاطا يامس

Podchrzyn

قمح

Pszenica

صويا

Soja

بطاطا

Ziemniak

ذرة

Kukurydza

سلجم

Rzepak

شجرة فاكهة

Drzewo owocowe

نبات منيهوت

Maniok

الحبوب

Zboże

بيت

Dom

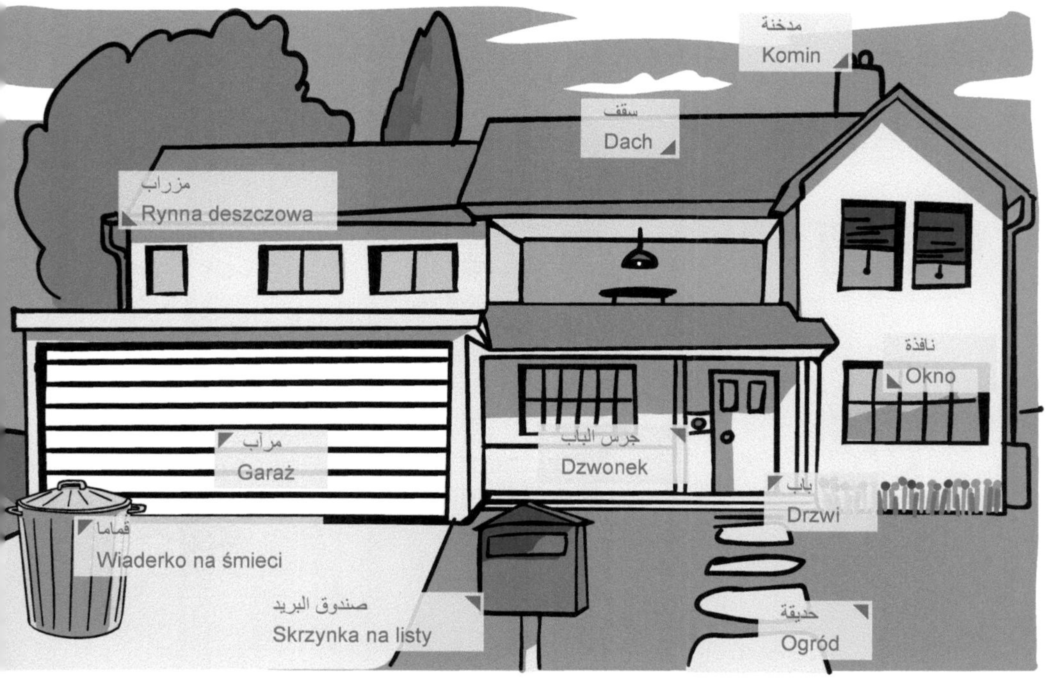
مدخنة
Komin
سقف
Dach
مزراب
Rynna deszczowa
نافذة
Okno
مرآب
Garaż
جرس الباب
Dzwonek
باب
Drzwi
قماما
Wiaderko na śmieci
صندوق البريد
Skrzynka na listy
حديقة
Ogród

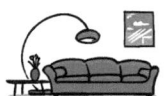

غرفة جلوس

Pokój dzienny

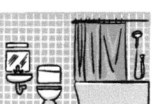

الحمّام

Łazienka

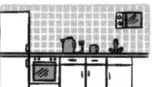

مطبخ

Kuchnia

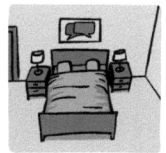

غرفة النوم

Sypialnia

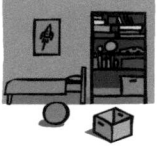

غرفة الأطفال

Pokój dziecięcy

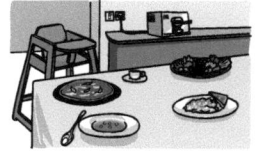

غرفة الطعام

Jadalnia

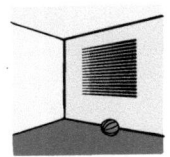

أرضية

Ziemia

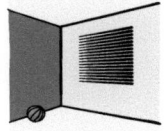

حائط

Ściana

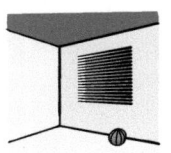

سقف

Koc

قبو

Piwnica

ساونا

Sauna

بلكون

Balkon

شرفة

Taras

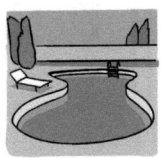

مسبح

Basen

جزّازة العشب

Kosiarka do trawy

بياضات السرير

Poszwa

بطانية

Kołdra

سرير

Łóżko

مكنسة

Miotła

سطل

Wiadro

مفتاح كهربائي

Włącznik

غرفة جلوس
Pokój dzienny

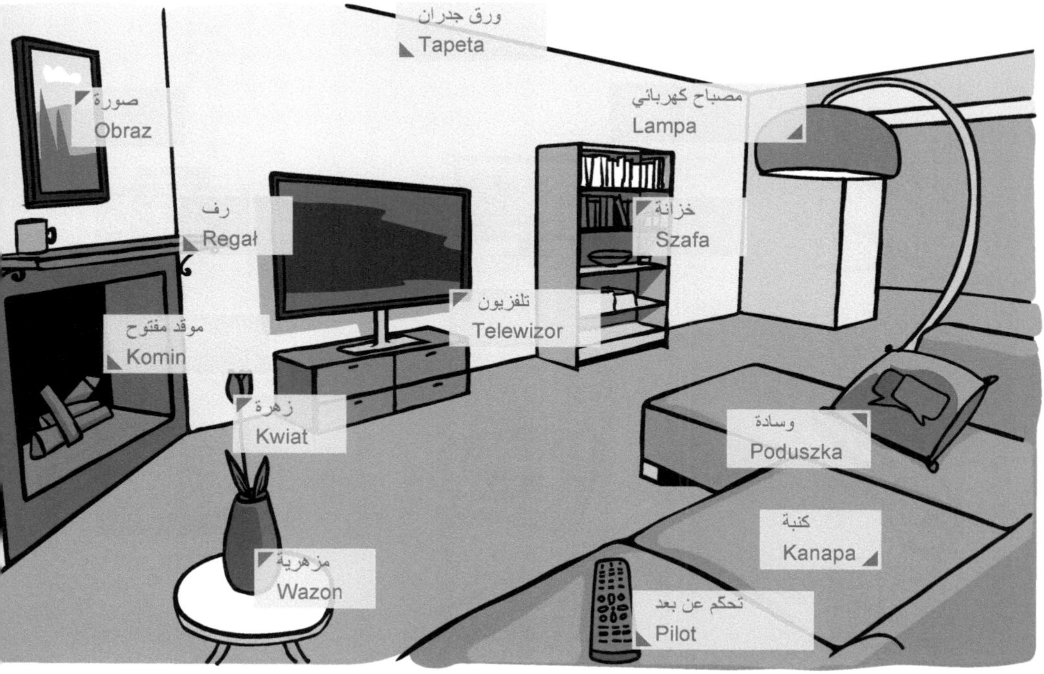

ورق جدران
Tapeta
صورة
Obraz
مصباح كهربائي
Lampa
رف
Regał
خزانة
Szafa
تلفزيون
Telewizor
موقد مفتوح
Komin
زهرة
Kwiat
وسادة
Poduszka
كنبة
Kanapa
مزهرية
Wazon
تحكم عن بعد
Pilot

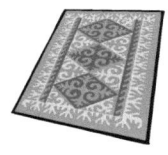

بصاط

Dywan

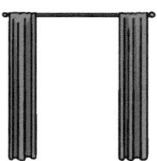

ستارة

Zasłona

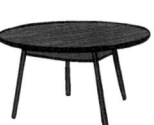

طاولة

Stół

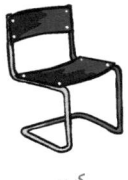

كرسي

Krzesło

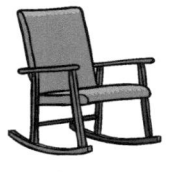

كرسي هزّاز

Bujak

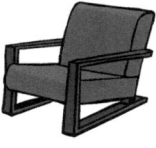

كرسي ذو ذراعين

Fotel

الكتاب

Książka

بطانية

Sufit

زخرفة

Dekoracja

الحطب

Drewno kominkowe

فيلم

Film

تجهيزات ستيريو

Instalacja stereo

مفتاح

Klucz

جريدة

Gazeta

لوحة مرسومة

Malunek

مُلصق

Plakat

راديو

Radio

دفتر ملاحظات

Notatnik

المكنسة الكهربائية

Odkurzacz

صبّار

Kaktus

شمعة

Świeczka

مطبخ
Kuchnia

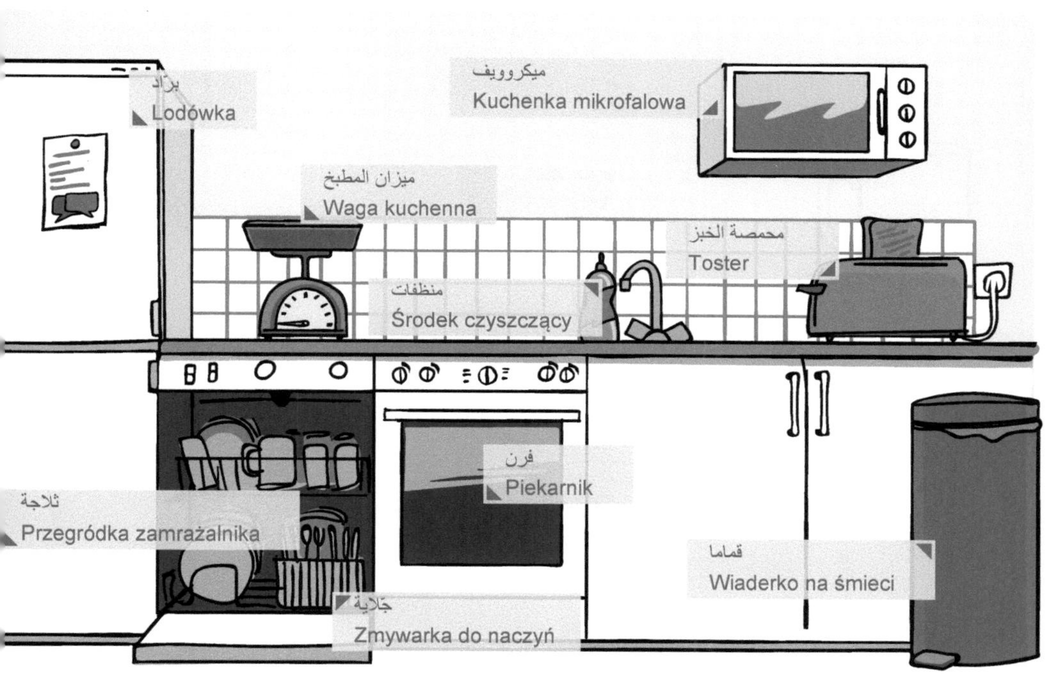

برّاد
Lodówka
ميكروويف
Kuchenka mikrofalowa
ميزان المطبخ
Waga kuchenna
محمصة الخبز
Toster
منظفات
Środek czyszczący
فرن
Piekarnik
ثلاجة
Przegródka zamrażalnika
قمامة
Wiaderko na śmieci
جَلاية
Zmywarka do naczyń

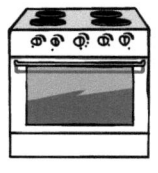

موقد

Kuchenka

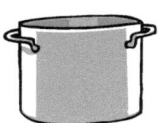

قِدر

Garnek

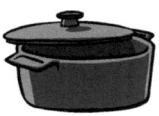

وعاء من الحديد

Kocioł żeliwny

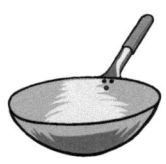

قدر صيني

Wok / Kadai

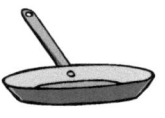

مقلاة

Patelnia

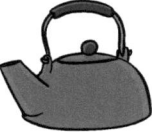

غلاية

Czajnik

قدر البخار

Parowar

صينية

Blacha do pieczenia

أواني

Naczynia kuchenne

فنجان

Kubek

صحن

Miska

عيدان الأكل

Pałeczki

مغرفة

Nabierka

ملعقة منبسطة

Łopatka do smażenia

خفاقة

Trzepaczka do śmietany

مصفاة

Cedzak

مصفاة

Sitko

مبشرة

Tarka

هاون

Moździerz

شواء

Grillowanie

موقد

Palenisko

لوح التقطيع

Deska

نشّابة

Wałek do ciasta

مفتاح الزجاجات

Korkociąg

علبة

Puszka

مفتاح العلب المعدنية

Otwieracz do puszek

قماش الفرن

Ściereczka do trzymania garnka

مجلى

Umywalka

فرشاة

Szczotka

إسفنج

Gąbka

خلاط

Mikser

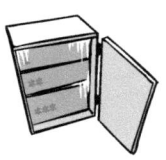

مجمّدة

Zamrażarka

زجاجة الطفل

Butelka dla niemowlęcia

صنبور الماء

Kran

Łazienka

دوش
Prysznic

تدفئة
Ogrzewanie

منشفة
Ręcznik

ستارة الدوش
Kotara prysznicowa

حمام رغوة
Płyn do kąpieli

حوض الحمام
Wanna kąpielowa

كأس
Szklanka

غسّالة
Pralka

بلاط
Kafelki

صنبور الماء
Kran

قفازات مطاطية
Nocnik

مجلى
Umywalka

حمام
....
Toaleta

مرحاض القرفصاء
....
Toaleta kuczna

حوض التشطيف
....
Bidet

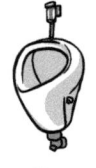

مبولة
....
Pisuar

ورق المرحاض
....
Papier toaletowy

فرشاة الحمام
....
Szczotka toaletowa

فرشاة الأسنان

Szczoteczka do zębów

معجون الأسنان

Pasta do zębów

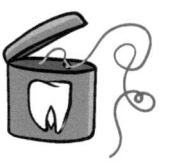

خيط حرير لتنظيف الأسنان

Nitki do czyszczenia zębów

يغسل

myć

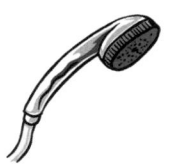

رشاش ماء يدوي

Głowica prysznicowa

شطاف

Płyn kąpielowy do higieny intymnej

حوض الغسيل

Miska do mycia

فرشاة الظهر

Szczotka kąpielowa

صابون

Mydło

جيل الدوش

Żel prysznicowy

شامبو

Szampon

ممسحة

Rękawica kąpielowa

مصرف للماء

Odpływ

مرهم

Krem

مزيل الروائح

Dezodorant

مرآة

Lustro

مرآة يد

Lustro kosmetyczne

موس حلاقة

Golarka

رغوة الحلاقة

Pianka do golenia

كولونيا

Woda po goleniu

مشط

Grzebień

فرشاة

Szczotka

سشوار

Suszarka do włosów

مثبت للشعر

Spray do włosów

ماكياج

Makijaż

روج

Pomadka

طلاء أظافر

Lakier do paznokci

قطن

Wata

مقص أظافر

Nożyczki do paznokci

عطر

Perfum

الحمّام - Łazienka

سلّة الغسيل

Kosmetyczka

مقعد صغير

Taboret

ميزان

Waga

معطف الحمام

Szlafrok kąpielowy

قفازات مطاطية

Rękawice gumowe

سدادة قطنية

Tampon

منشفة صحية

Podpaska damska

تواليت كيميائية

Toaleta chemiczna

غرفة الأطفال

Pokój dziecięcy

منبه
Budzik
الحيوانات المحنطة
Pluszowa przytulanka
سيارة لعبة
Samochodzik
خشخشة
Grzechotka
بيت الدمى
Domek dla lalek
هدية
Prezent

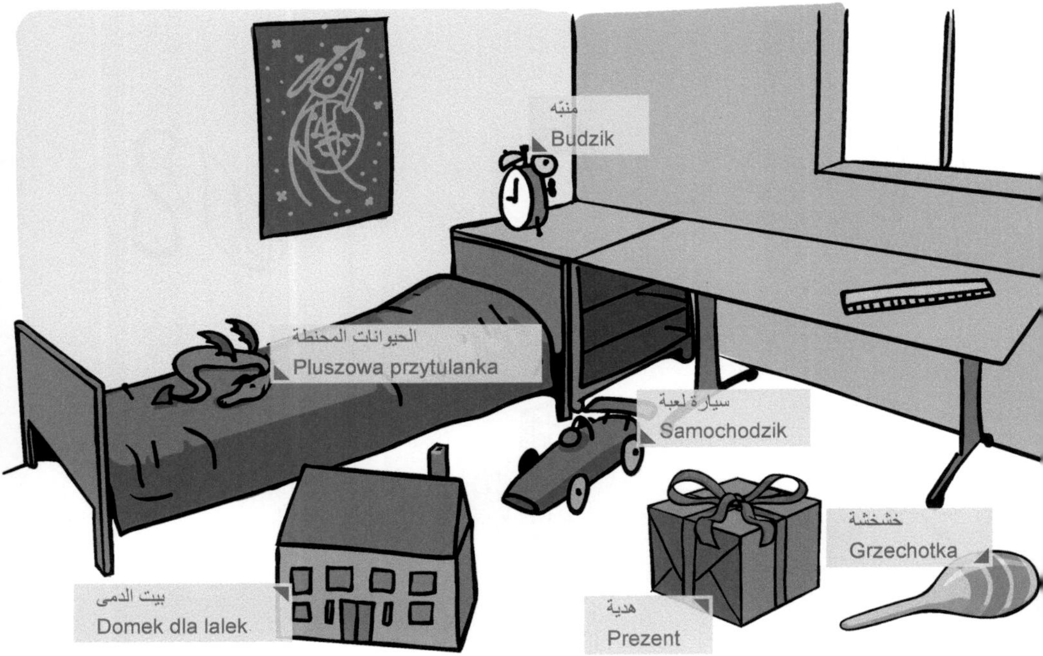

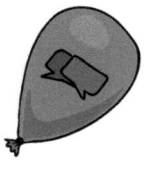

بالون

Balon

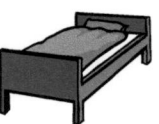

سرير

Łóżko

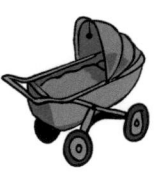

عربة الأطفال

Wózek dziecięcy

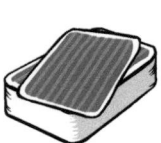

لعبة الورق

Gra w karty

أحجية

Puzzle

SUPER MEGA

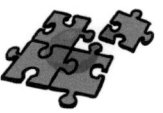

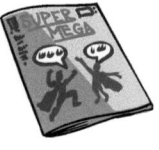

رسوم هزلية

Komiks

أحجار الليغو

Klocki lego

حجارة تركيب

Klocki

دمية بطل

Action figura

لباس الطفل

Śpioszek dziecięcy

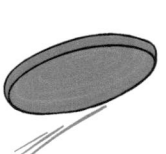

فريسبي

Frisbee

دمية معلقة

Zabawki ruchome

لعبة الطاولة

Gra planszowa

لعبة النرد

Kości

لعبة قطار

Kolejka elektryczna

مصّاصة

Smoczek

حفلة

Przyjęcie

كتاب مصوّر

Książka z ilustracjami

كرة

Piłka

دمية

Lalka

يلعب

bawić się

ملعب رملي للأطفال

Piaskownica

أرجوحة

Huśtawka

لعبة

Zabawki

ألعاب فيديو

Konsola do gier

دراجة ثلاثية

Rowerek trójkołowy

دمية على شكل الدب

Pluszowy miś

خزانة الثياب

Szafa ubraniowa

ثياب

Ubiór

جوارب قصيرة

Skarpety

جوارب طويلة

Pończochy

جورب بنطلون

Rajstopy

شال
Szal

شمسية
Parasol

تي شيرت
T-Shirt

حزام
Pasek

حذاء شتوي
Kozaki

شبشب
Pantofle domowe

أحذية رياضية
Obuwie sportowe

صندل
....
Sandały

حذاء
....
Buty

جزمة كاوتشوك
....
Kalosze

سروال داخلي
....
Majtki

صدّارة
....
Biustonosz

قميص داخلي
....
Podkoszulek

لباس ملاصق للجسم

Body

بنطلون

Spodnie

جينز

Dżins

تنورة

Spódnica

بلوزة

Bluzka

قميص

Koszula

سترة قطنية

Pulower

كنزة كم طويل

Bluza sportowa

سترة فضفاضة

Marynarka

سترّة

Kurtka

معطف

Płaszcz

معطف مطري

Płaszcz przeciwdeszczowy

زي - طقم نسائي

Kostium

ثوب

Sukienka

ثوب الزفاف

Suknia ślubna

طقم

Garnitur męski

قميص نوم

Koszula nocna

بيجاما

Piżama

ساري

Sari

حجاب

Chusta na głowę

عمامة

Turban

برقع

Burka

قفطان

Kaftan

عباءة

Abaya

مايوه

Strój kąpielowy

سروال سباحة

Kąpielówki

ترت

Krótkie spodnie

بدلة رياضية

Dres sportowy

منزر

Fartuch

ققازات

Rękawiczki

زر

Guzik

نظّارة

Okulary

إسوارة

Bransoletka

عقد

Łańcuszek

خاتم

Pierścionek

قرط

Kolczyk

طاقيّة

Czapka

علاقة ثياب

Wieszak

قبّعة

Kapelusz

ربطة العنق

Krawat

سحّاب

Zamek błyskawiczny

خوذة

Kask

حمّالة البنطلون

Szelki

اللباس المدرسي

Mundurek szkolny

زي موحّد

Mundur

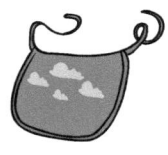

مريلة الأطفال

Śliniaczek

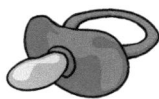

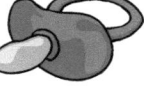

مصّاصة

Smoczek

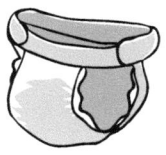

لفافة

Pieluszka

مكتب
Biuro

المخدّم
Serwer
خزانة الملفات
Szafa na akta
طابعة
Drukarka
ورقة
Papier
شاشة
Monitor
طاولة المكتب
Biurko
فارة
Mysz
ملف
Segregator
لوحة المفاتيح
Klawiatura
قماما
Kosz na odpadki
حاسوب
Komputer
كرسي
Krzesło

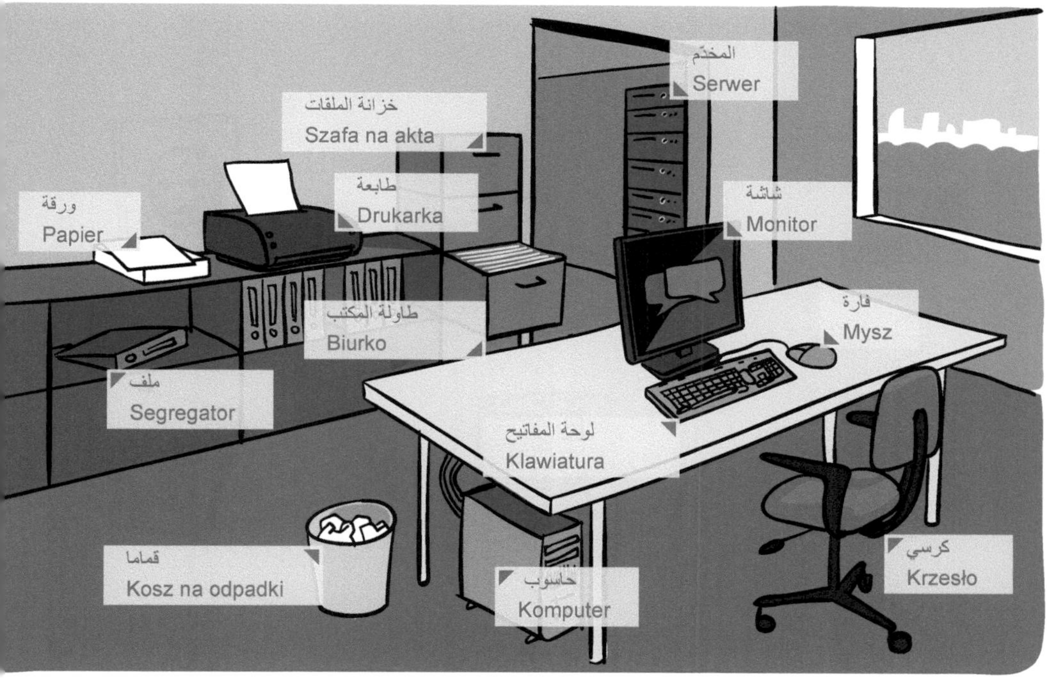

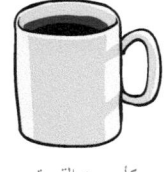

كأس من القهوة

Filiżanka do kawy

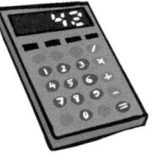

الآلة الحاسبة

Kalkulator

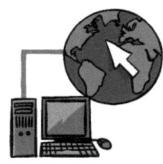

الإنترنت

Internet

الحاسوب المحمول

Laptop

رسالة

List

خبر

Wiadomość

الهاتف المحمول

Komórka

شبكة

Sieć

جهاز تصوير

Kopiarka

البرمجيات

Oprogramowanie

هاتف

Telefon

مقبس كهربائي

Gniazdko

فاكس

Faks

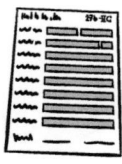

استمارة

Formularz

وثيقة

Dokument

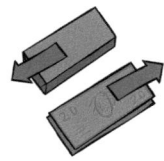

يشْتَري

kupić

يدفع

płacić

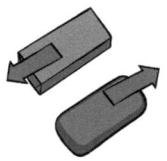

يتاجر

postępować

مال

Pieniądze

دولار

Dolar

يورو

Euro

ين

Jen

روبل

Rubel

فرنك سويسري

Frank

يوان

Juan Renminbi

روبية

Rupia

صرّاف آلي

Bankomat

مكتب صرافة

Kantor wymiany walut

ذهب

Złoto

فضة

Srebro

نفط

Olej

طاقة

Energia

سعر

Cena

عقد

Umowa

ضريبة

Podatek

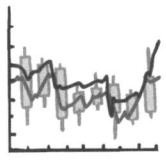

سهم

Akcja

يعمل

pracować

موظف

Pracownik umysłowy

رب العمل

Pracodawca

مصنع

Fabryka

متجر

Sklep

المِهَن
Zawody

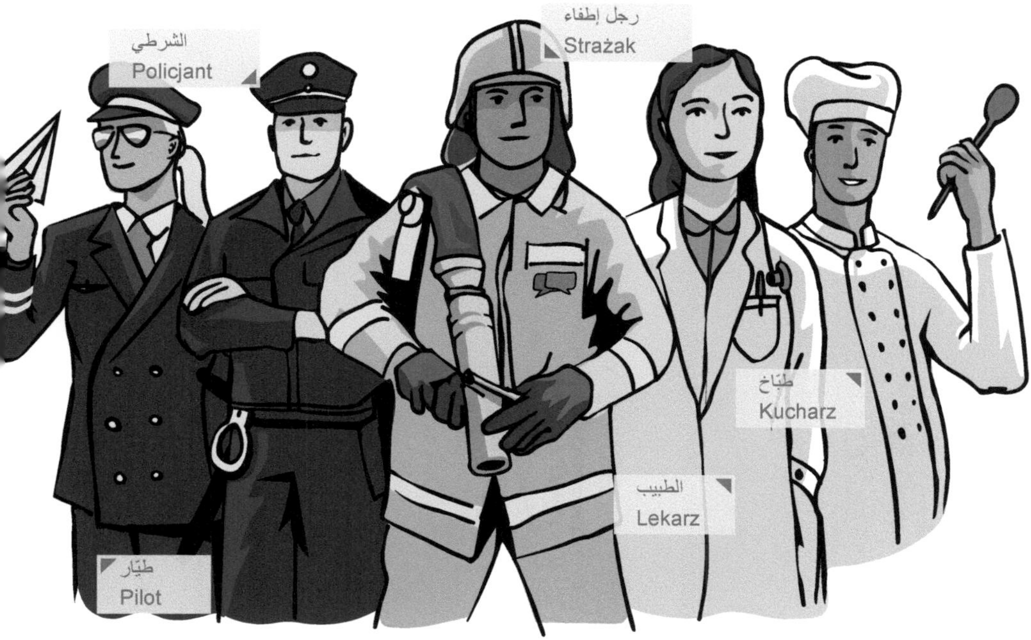
الشرطي
Policjant
رجل إطفاء
Strażak
طبّاخ
Kucharz
الطبيب
Lekarz
طيّار
Pilot

بستاني
....
Ogrodnik

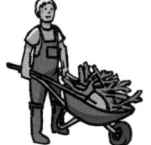

نجّار
....
Stolarz

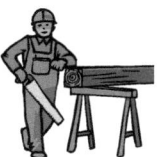

خيّاطة
....
Krawcowa

قاض
....
Sędzia

كيميائي
....
Chemik

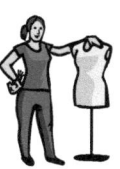

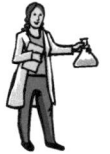

ممثل
....
Aktor

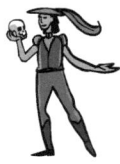

سائق حافلة

Kierowca autobusu

سائق تاكسي

Taksówkarz

صياد سمك

Fischer

أجيرة للتنظيف

Sprzątaczka

بنّاء سقف

Dekarz

نادل

Kelner

صيّاد

Myśliwy

رسّام

Malarz

خباز

Piekarz

كهرباني

Elektryk

عامل بناء

Robotnik budowlany

مهندس

Inżynier

لَحَام

Rzeźnik

سمكري

Instalator

ساعي البريد

Listonosz

جندي

Żołnierz

مهندس معماري

Architekt

أمين صندوق

Kasjer

بائع الزهور

Florysta

حلاق

Fryzjer

مراقب القطار

Konduktor

ميكانيكي

Mechanik

قبطان

Kapitan

طبيب أسنان

Dentysta

رجل العلم

Naukowiec

حاخام

Rabin

إمام

Imam

راهب

Mnich

كاهن

Proboszcz

عدة عمل
Narzędzia

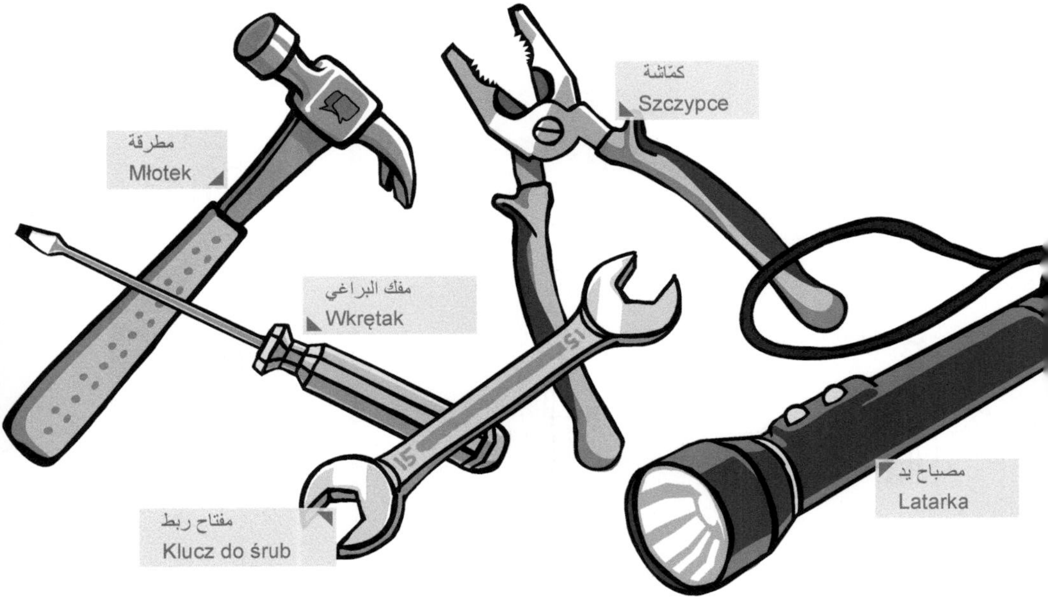

مطرقة
Młotek
كمّاشة
Szczypce
مفك البراغي
Wkrętak
مفتاح ربط
Klucz do śrub
مصباح يد
Latarka

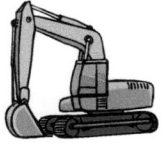

جرافة

Koparka

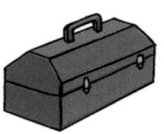

صندوق العدة

Skrzynka narzędziowa

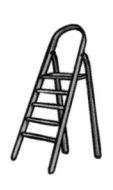

سلّم

Drabina

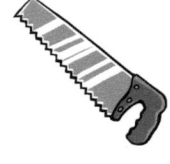

منشار

Piła

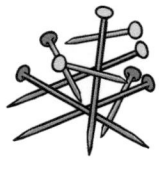

مسامير

Gwoździe

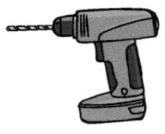

مثقب

Wiertło

يصلح

naprawić

مجرفة

Łopatka

اللعنة

Cholera!

لقاطة الكناسة

Szufelka

سطل الألوان

Puszka z farbą

براغي

Śruby

آلات موسيقية

Instrumenty muzyczne

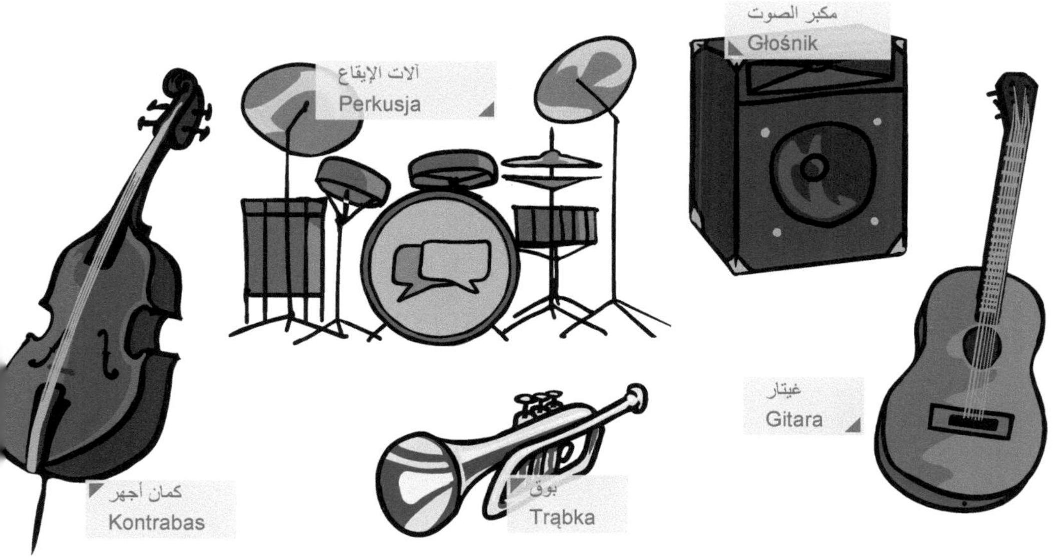

آلات الإيقاع

Perkusja

مكبر الصوت

Głośnik

كمان أجهر

Kontrabas

بوق

Trąbka

غيتار

Gitara

بيانو
....
Pianino

كمنجة
....
Skrzypce

جهير
....
Bas

طبل كبير
....
Kotły

طبل
....
Bęben

بيانو كهربائي
....
Keyboard

ساكسوفون
....
Saksofon

ناي
....
Flet

ميكروفون
....
Mikrofon

آلات موسيقية - Instrumenty muzyczne

حديقة حيوانات

Zoo

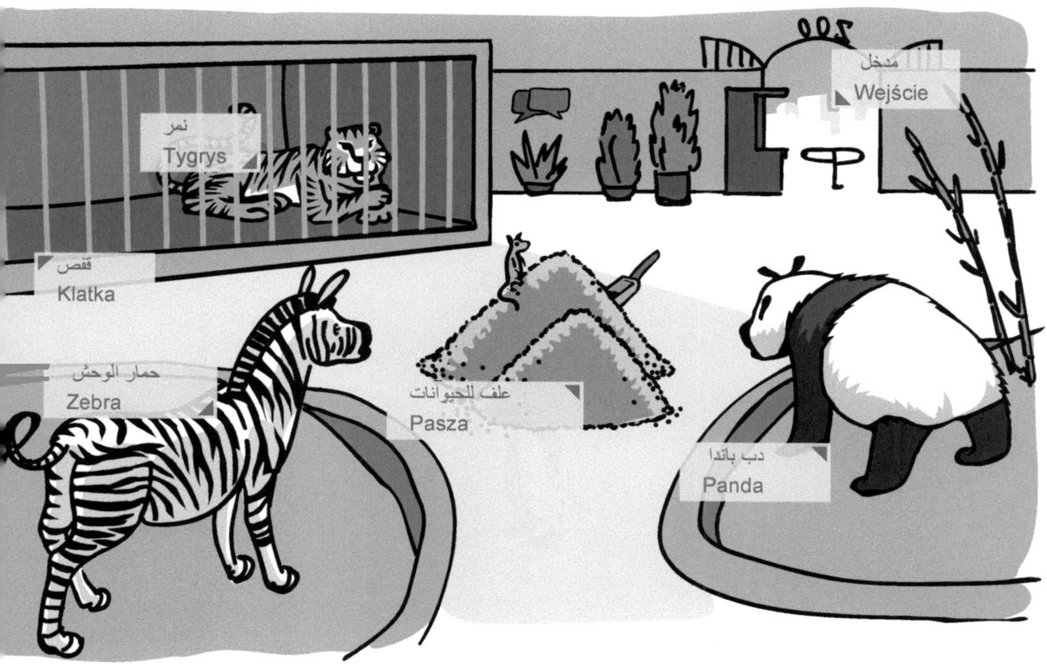

مدخل
Wejście
نمر
Tygrys
قفص
Klatka
حمار الوحش
Zebra
علف للحيوانات
Pasza
دب باندا
Panda

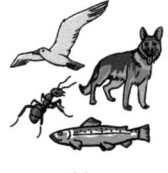

حيوانات

Zwierzęta

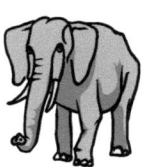

فيل

Słoń

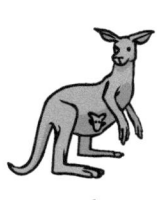

كنغر

Kangur

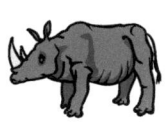

وحيد القرن

Nosorożec

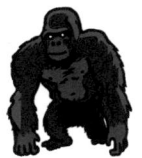

غوريلا

Goryl

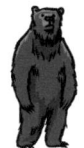

دب

Niedźwiedź

جمل

Wielbłąd

نعامة

Struś

أسد

Lew

قرد

Małpa

طائر فلامينغو

Fleming

ببغاء

Papuga

دب قطبي

Niedźwiedź polarny

بطريق

Pingwin

سمك القرش

Rekin

طاووس

Paw

أفعى

Wąż

تمساح

Krokodyl

حارس في حديقة الحيوان

Dozorca w zoo

عجل البحر

Foka

نمر أمريكي مرقط

Jaguar

فرس قزم
Kucyk

نمر
Gepard

فرس النهر
Hipopotam

زرافة
Żyrafa

نسر
Orzeł

خنزير برّي
Dzik

سمك
Ryba

سلحفاة
Żółw

حيوان فظ البحري
Mors

ثعلب
Lis

غزال
Gazela

كرة القدم الأمريكية
Futbol amerykański

ركوب الدراجات
Kolarstwo

كرة التنس
Tenis

كرة السلة
Koszykówka

السباحة
Pływanie

هوكي الجليد
Hokej na lodzie

الملاكمة
Boks

كرة القدم
Piłka nożna

الريشة الطائرة
Badminton

ألعاب القوى الخفيفة
Lekka atletyka

كرة اليد
Piłka ręczna

التزلج على الثلج
Narciarstwo

بولو
Polo

يضحك
śmiać się

يقفز
skakać

يعانق
objąć

يمشي
iść

يغني
śpiewać

يحلم
marzyć

يصلي
modlić się

يقبل
całować

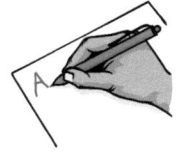

يكتب

pisać

يرسم

rysować

يُري

pokazywać

يدفع

nacisnąć

يعطي

dać

يأخذ

wziąć

يملك

....

mieć

يعمل

....

robić

يوجد

....

być

يقِف

....

stać

يركض

....

biegać

يسحب

....

ciągnąć

يرمي

....

rzucać

يقع

....

spaść

يستلقي

....

leżeć

ينتظر

....

czekać

يحمل

....

nosić

يجلس

....

siedzieć

يلبس

....

zakładać

ينام

....

spać

يستيقظ

....

budzić się

ينظر إلى ..

spojrzeć

يبكي

płakać

يمسّد

głaskać

يمشّط

czesać się

يتكلم

mówić

يفهم

rozumieć

يسأل

pytać

يسمع

słyszeć

يشرب

pić

يأكل

jeść

يرتّب

sprzątać

يحب

kochać

يطبخ

gotować

يقود

jechać

يطير

latać

يبحر بزورق شراعي

żeglować

يحسب

liczyć

يقرأ

czytać

يتعلم

uczyć się

يعمل

pracować

يتزوج

wejść w związek małżeński

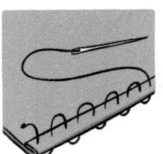

يخيط

szyć

ينظف أسنانه

myć zęby

يقتل

zabić

يدخّن

palić tytoń

يرسل

wysłać

عائلة
Rodzina

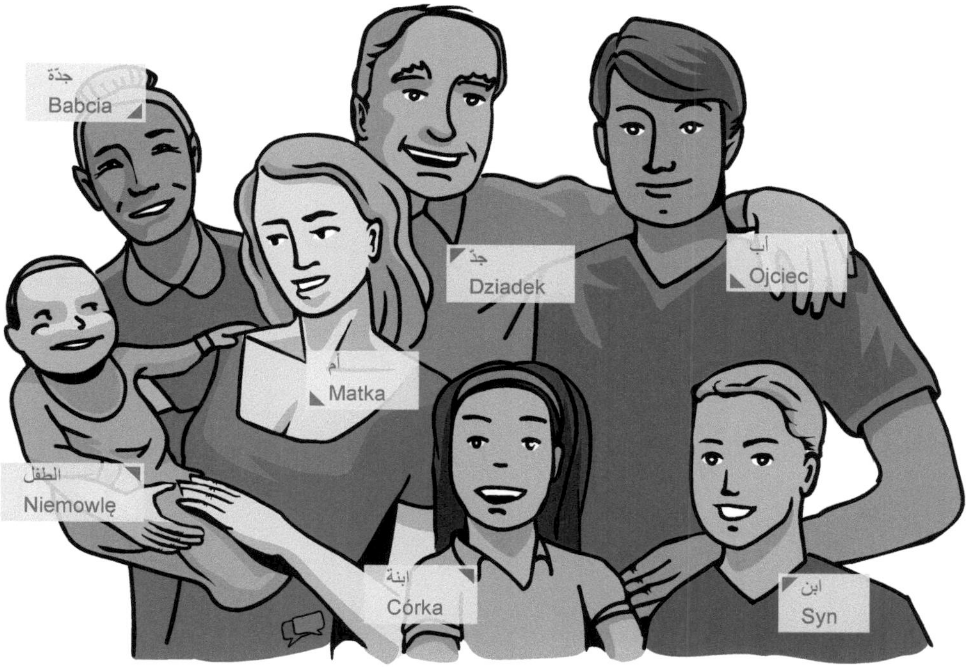

جدّة
Babcia
جدّ
Dziadek
أب
Ojciec
أم
Matka
الطفل
Niemowlę
ابنة
Córka
ابن
Syn

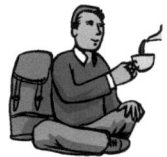

ضيف

Gość

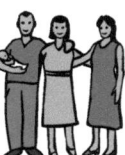

عمّة / خالة

Ciotka

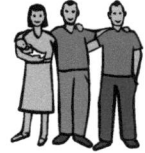

عمّ / خال

Wujek

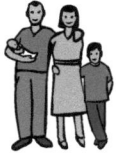

أخ

Brat

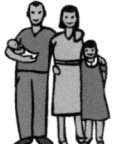

أخت

Siostra

الجسم

Ciało

الجبين
Czoło
العين
Oko
الكتف
Ramię
الإصبع
Palec
الوجه
Twarz
الذقن
Broda
اليد
Ręka
الساق
Noga
الصدر
Pierś
الذراع
Ramię

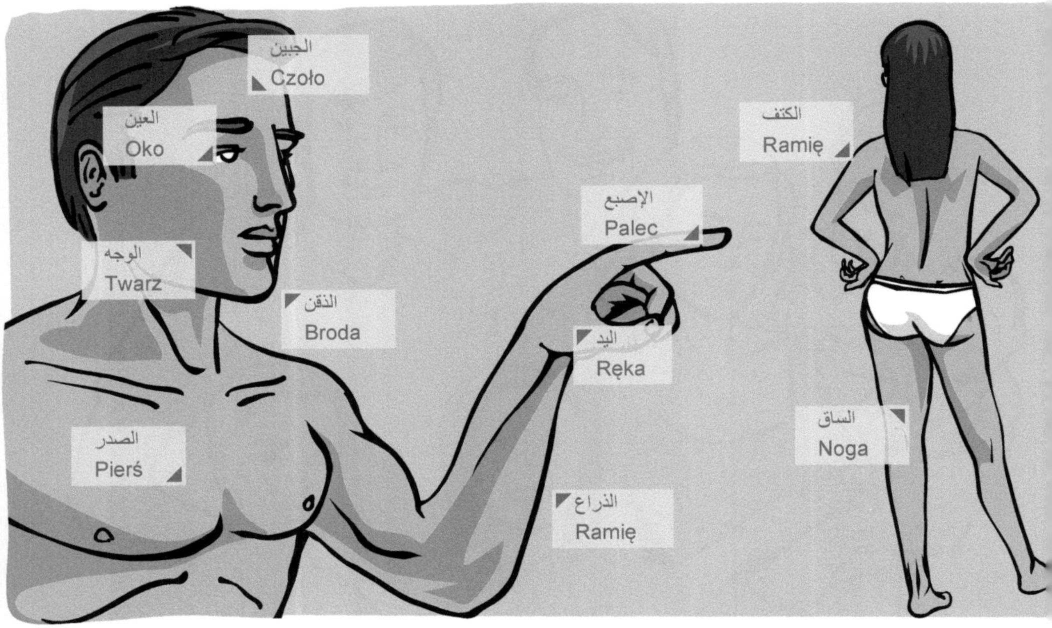

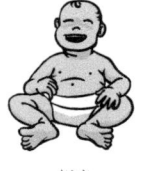

الطفل

Niemowlę

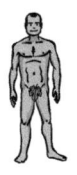

الرجل

Mężczyzna

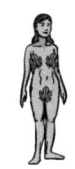

المرأة

Kobieta

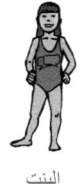

البنت

Dziewczyna

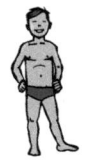

الولد

Chłopiec

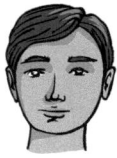

الرأس

Głowa

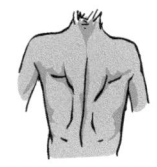

الظهر

Plecy

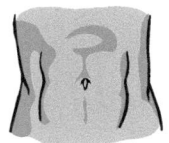

البطن

Brzuch

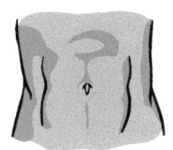

السرّة

Pępek

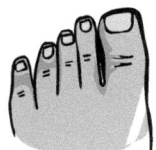

إصبع القدم

palec nogi

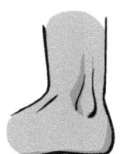

الكعب

Pięta

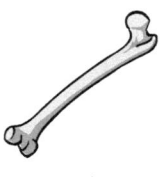

العظم

Kość

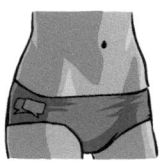

الورك

Biodro

الركبة

Kolano

المرفق

Łokieć

الأنف

Nos

العَجُز

Pośladki

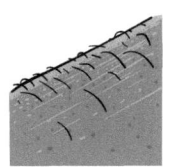

البشرة

Skóra

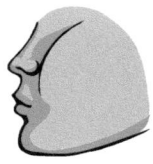

الخد

Policzek

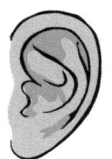

الأذن

Uszy

الشفة

Warga

الفم

Usta

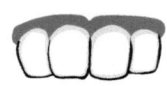

السن

Ząb

اللسان

Język

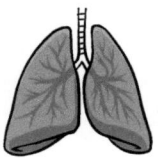

الدماغ

Mózg

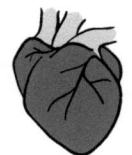

القلب

Serce

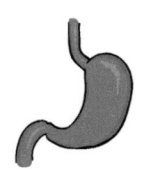

العضلة

Mięsień

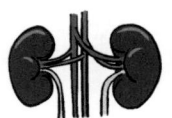

الرئة

Płuca

الكبد

Wątroba

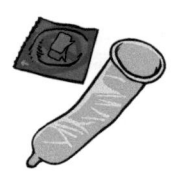

المعدة

Żołądek

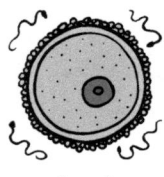

الكلى

Nerki

الاتصال الجنسي

Stosunek płciowy

الواقي المطاطي

Kondom

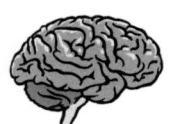

البويضة

Komórka jajowa

المنيّ

Sperma

الحمل

Ciąża

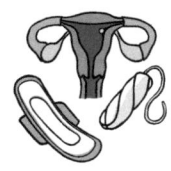

الحيض

Menstruacja

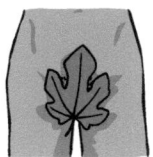

المهبل

Wagina

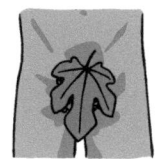

القضيب

Penis

الحاجب

Brew

الشعر

Włosy

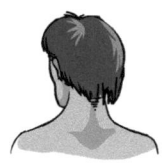

الرقبة

Szyja

المستشفى
Szpital

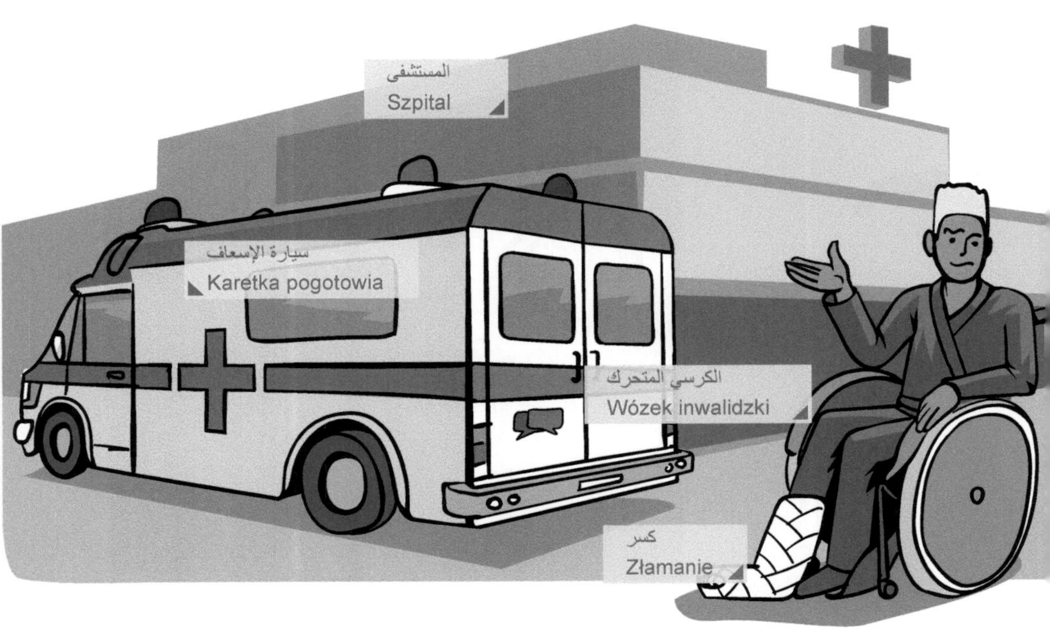

المستشفى
Szpital
سيارة الإسعاف
Karetka pogotowia
الكرسي المتحرك
Wózek inwalidzki
كسر
Złamanie

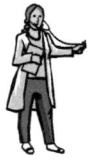

الطبيب

Lekarz

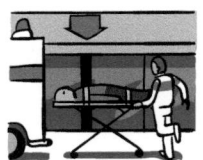

غرفة الإسعاف

Izba przyjęć

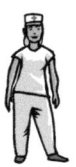

الممرضة

Pielęgniarka

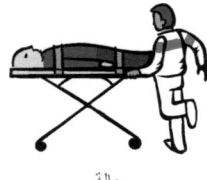

حالة

Nagły przypadek

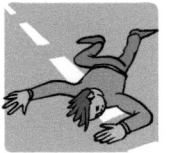

مغمى عليه

nieprzytomny

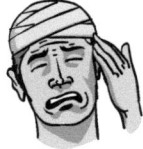

الألم

Ból

إصابة

Skaleczenie

النزيف

Krwawienie

احتشاء القلب

Zawał serca

جلطة

Udar mózgu

حسسية

Alergia

السعال

Kaszleć

الحُمّى

Gorączka

إنفلونزا

Grypa

الإسهال

Biegunka

وجع الرأس

Ból głowy

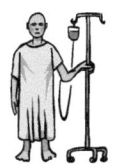

السرطان

Rak

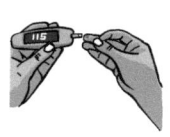

مرض السكر

Cukrzyca

جرّاح

Chirurg

مبضع

Skalpel

عملية

Operacja

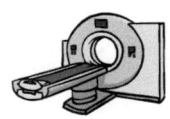

سيتي سكان
········
CT

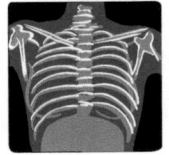

الأشعة السينية
········
Rentgen

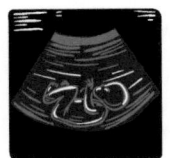

فوق الصوتي
········
Ultradźwięki

القناع
········
Maska

المرض
········
Choroba

غرفة الانتظار
········
Poczekalnia

العُكّاز
········
Kula

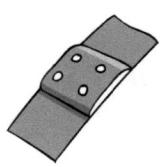

شريط لاصق
········
Plaster

ضماد
········
Opatrunek

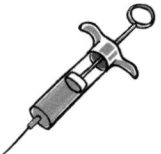

حقنة
········
Iniekcja

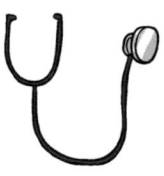

سمّاعة الطبيب
········
Stetoskop

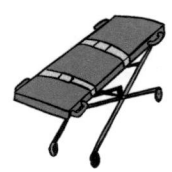

نقالة
········
Nosze

ميزان حرارة
········
Termometr

ولادة
········
Poród

وزن زائد
········
Nadwaga

جهاز السمع

Aparat słuchowy

المواد المعقمة

Środek dezynfekcyjny

عدوى

Infekcja

فيروس

Wirus

الإيدز

HIV / AIDS

الطب

Medycyna

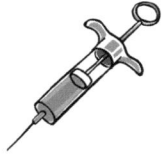

اللقاح

Szczepienie

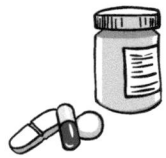

أقراص الدواء

Tabletki

حبّة الدواء

Pigułka

نداء النجدة

Telefon ratunkowy

مقياس ضغط الدم

Ciśnieniomierz krwi

مريض / صحيح

chory / zdrowy

Nagły przypadek

النجدة!

Pomocy!

إنذار

Alarm

اعتداء

Napad

هجوم

Atak

خطر

Niebezpieczeństwo

مخرج طوارئ

Wyjście awaryjne

حريق!

Pożar!

جهاز الإطفاء

Gaśnica

حادث

Wypadek

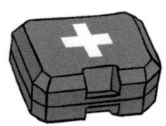

حقيبة الإسعاف الأولى

Walizeczka pierwszej
pomocy

أنقذونا

SOS

الشرطة

Policja

أوروبا

Europa

أمريكا الشمالية

Ameryka Północna

أمريكا الجنوبية

Ameryka Południowa

أفريقيا

Afryka

آسيا

Azja

أستراليا

Australia

المحيط الأطلسي

Atlantyk

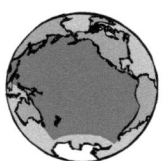

المحيط الهادي

Pacyfik

المحيط الهندي

Ocean Indyjski

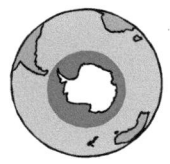

المحيط المتجمد الجنوبي

Ocean Antarktyczny

المحيط المتجمد الشمالي

Ocean Arktyczny

القطب الشمالي

Biegun północny

القطب الجنوبي
....
Biegun południowy

منطقة القطب الجنوبي
....
Antarktyda

أرض
....
Ziemia

بر
....
Kraj

بحر
....
Morze

جزيرة
....
Wyspa

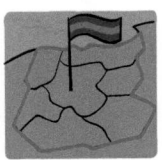

أمة
....
Naród

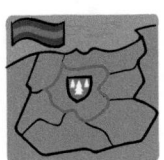

دولة
....
Państwo

ميناء الساعة

Cyferblat

عقرب الساعات

Wskazówka godzinowa

عقرب الدقائق

Wskazówka minutowa

عقرب الثواني

Wskazówka sekundowa

كم الساعة الآن؟

Która godzina?

يوم

Dzień

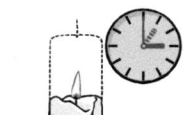

زمن

Czas

الآن

teraz

ساعة رقمية

Zegarek digitalny

دقيقة

Minuta

ساعة

Godzina

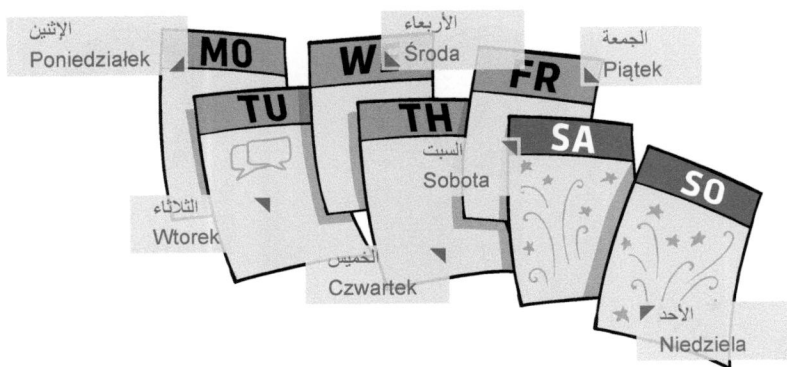

الإثنين
Poniedziałek

الأربعاء
Środa

الجمعة
Piątek

الثلاثاء
Wtorek

الخميس
Czwartek

السبت
Sobota

الأحد
Niedziela

الأمس

wczoraj

اليوم

dzisiaj

غداً

jutro

الصباح

Rano

الظهر

Południe

المساء

Wieczór

MO	TU	WE	TH	FR	SA	SU
1	2	3	4	5	6	7
8	9	10	11	12	13	14
15	16	17	18	19	20	21
22	23	24	25	26	27	28
29	30	31	1	2	3	4

أيام العمل

Dni robocze

MO	TU	WE	TH	FR	SA	SU
1	2	3	4	5	6	7
8	9	10	11	12	13	14
15	16	17	18	19	20	21
22	23	24	25	26	27	28
29	30	31	1	2	3	4

نهاية الأسبوع

Weekend

سنة

Rok

مطر
Deszcz
قوس قزح
Tęcza
ريح
Wiatr
ثلج
Śnieg
الربيع
Wiosna
الصيف
Lato
الخريف
Jesień
الشتاء
Zima

4.APRIL 11°
5.APRIL 4°
6.APRIL 13°
7.APRIL 8°
8.APRIL 10°

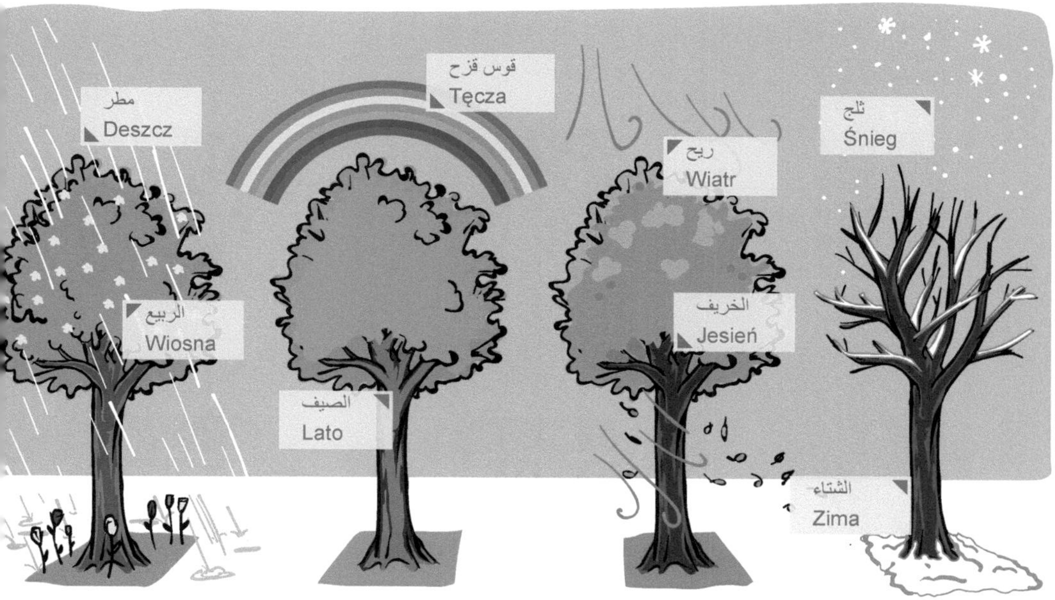

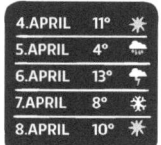

التنبّؤ بالحالة الجوية
Prognoza pogody

F
C
120
90
60
30
0
-30
40
30
20
10
0
-10
-20

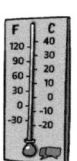

مقياس حرارة
Termometr

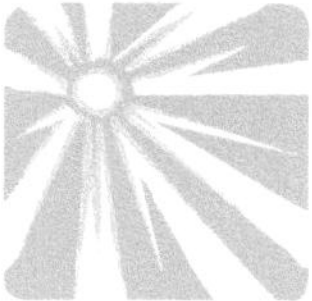

ضوء الشمس
Światło słoneczne

سحابة
Chmura

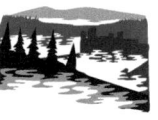

ضباب
Mgła

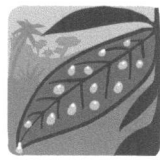

رطوبة الجو
Wilgotność powietrza

برق
....
Błyskawica

رعد
....
Grzmot

عاصفة
....
Sztorm

بَرَد
....
Grad

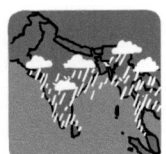

ريح موسمية
....
Monsun

طوفان
....
Potop

جليد
....
Lód

كانون الثاني / يناير
....
Styczeń

شباط / فبراير
....
Luty

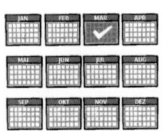

آذار / مارس
....
Marzec

نيسان / أبريل
....
Kwiecień

أيار / مايو
....
Maj

حزيران / يونيو
....
Czerwiec

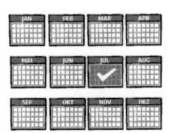

تموز / يوليو
....
Lipiec

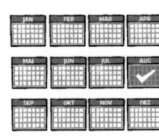

آب / أغسطس
....
Sierpień

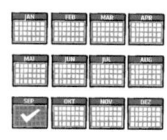

أيلول / سبتمبر

Wrzesień

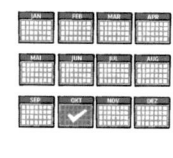

تشرين الأول / أكتوبر

Październik

تشرين الثاني / نوفمبر

Listopad

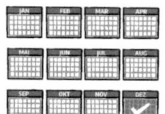

كانون الأول / ديسمبر

Grudzień

أشكال

Kształty

دائرة

Koło

مربّع

Kwadrat

مستطيل

Prostokąt

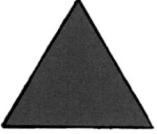

مثلّث

Trójkąt

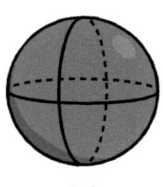

كرة

Kula

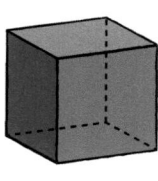

مكعّب

Sześcian

أبيض

biały

أصفر

żółty

برتقالي

pomarańczowy

وردي

różowy

أحمر

czerwony

بنفسجي

liliowy

أزرق

niebieski

أخضر

zielony

بنّي

brązowy

رمادي

szary

أسود

czarny

كثير / قليل

dużo / mało

غضبان / هادئ

wściekły / spokojny

جميل / قبيح

piękny / brzydki

بداية / نهاية

początek / koniec

كبير / صغير

duży / mały

فاتح / قاتم

jasny / ciemny

أخ / أخت

brat / siostra

نظيف / وسخ

czysty / brudny

كامل / ناقص

kompletny / niekompletny

نهار / ليل

dzień / noc

ميت / حيّ

umarły / żywy

عريض / ضيّق

szeroki / wąski

صالح للأكل / غير صالح

jadalny / niejadalny

شرّير / لطيف

zły / uprzejmy

مثير / ممل

podniecony / znudzony

سمين / نحيف

gruby / chudy

أولا / أخيراً

najpierw / na końcu

صديق / عدو

przyjaciel / wróg

مليء / فارغ

pełen / pusty

صلب / ليّن

twardy / miękki

ثقيل / خفيف

ciężki / lekki

جوع / عطش

głód / pragnienie

مريض / صحيح

chory / zdrowy

غير شرعي / شرعي

nielegalny / legalny

ذكي / غبي

inteligentny / głupi

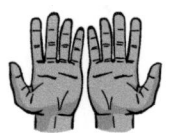

يسار / يمين

lewo / prawo

قريب / بعيد

bliski / daleki

جديد / مستعمل

nowy / używany

لا شيء / بعض الشيء

nic / coś

مسن / شاب

stary / młody

يشعل / يطفئ

włącz / wyłącz

مفتوح / مغلق

otwarty / zamknięty

خافت / عالٍ

cichy / głośny

غني / فقير

bogaty / biedny

صح / خطأ

prawidłowy / błędny

أحرش / املس

chropowaty / gładki

حزين / سعيد

smutny / szczęśliwy

قصير / طويل

krótki / długi

بطيء / سريع

powolny / szybki

مبلول / جاف

mokry/suchy

ساخن / بارد

ciepły / chłodny

حرب / سلم

wojna / pokój

0

صفر
....
zero

1

واحد
....
jeden

2

اثنان
....
dwa

3

ثلاثة
....
trzy

4

أربعة
....
cztery

5

خمسة
....
pięć

6

ستة
....
sześć

7

سبعة
....
siedem

8

ثمانية
....
osiem

9

تسعة
....
dziewięć

10

عشرة
....
dziesięć

11

أحد عشر
....
jedenaście

12

اثنا عشر
....
dwanaście

13

ثلاثة عشر
....
trzynaście

14

أربعة عشر
....
czternaście

15

خمسة عشر
....
piętnaście

16

ستة عشر
....
szesnaście

17

سبعة عشر
....
siedemnaście

18

ثمانية عشر
....
osiemnaście

19

تسعة عشر
....
dziewiętnaście

20

عشرون
....
dwadzieścia

100

مائة
....
sto

1.000

ألف
....
tysiąc

1.000.000

مليون
....
milion

الإنكليزية

Angielski

الإنكليزية الأمريكية

Angielski amerykański

لغة ماندارين الصينية

Chiński mandaryński

الهندية

Hindi

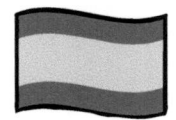

الإسبانية

Hiszpański

الفرنسية

Francuski

العربية

Arabski

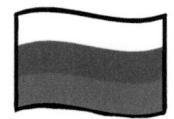

الروسية

Rosyjski

البرتغالية

Portugalski

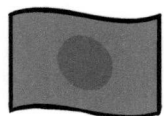

البنغالية

Bengalski

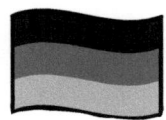

الألمانية

Niemiecki

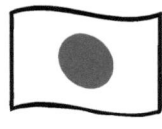

اليابانية

Japoński

أنا

ja

أنت

ty

هو / هي

on / ona / ono

نحن

my

أنتم

wy

هم

oni

من؟

kto?

ماذا؟

co?

كيف؟

jak?

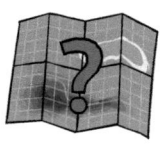

أين؟

gdzie?

متى؟

kiedy?

اسم

Nazwisko

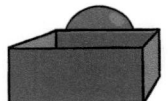

خلف

za

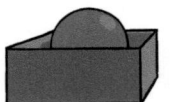

في

w

أمام

przed

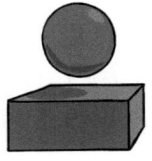

فوق

powyżej

على

na

تحت

pod

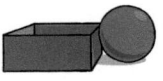

جنب

obok

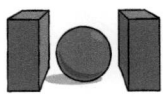

بين

między

مكان

Miejsce